I MIGLIORI MEME E AFORISMI DAL WEB 2022-2023

Questo è un libro che vuole testimoniare come l'ironia e la concezione generale di barzelletta è stata modificata all'epoca di Internet, inteso come vero e proprio cambiamento generazionale.

Al fine di raccogliere informazioni, vi preghiamo di esprimere una vostra opinione a riguardo al seguente link.

Tutti i meme presenti nel libro sono stampati a bassa definizione e non possono essere oggetto di utilizzo per fini commerciali.

Sono inoltre segnalate tutte le fonti web su dove i meme sono stati trovati.

Per quanto concerne l'Unione Europea, la direttiva europea n. 2019/790 sul diritto d'autore nel mercato unico digitale che ha l'obiettivo di armonizzare il quadro normativo comunitario del diritto d'autore nell'ambito delle tecnologie digitali e in particolare di Internet.
In particolare, l'art. 17, comma VII, di tale direttiva recita quanto segue: "(…) gli Stati membri provvedono affinché gli utenti in ogni Stato membro possano avvalersi delle seguenti eccezioni o limitazioni esistenti quando caricano e mettono a disposizione contenuti generati dagli utenti tramite i servizi di condivisione di contenuti online:
a) citazione, critica, rassegna;
b) utilizzi a scopo di caricatura, parodia o pastiche."

Viene dunque espressamente previsto che gli Stati Membri possano usufruire ed applicare – entro determinati limiti – eccezioni che consentano la libera utilizzabilità di contenuti protetti dal diritto d'autore.
La ratio del citato articolo è evidentemente quella di concedere una discreta libertà per gli utenti del web di poter condividere contenuti digitali, anche protetti dal diritto d'autore, con la sola condizione che tale utilizzo non abbia neppure indirettamente un fine / scopo di lucro, ma solo uno scopo satirico.
Questo risulta solo come un documento di raccolta e studio sociologico per reperimento di informazioni rispetto le nuove abitudini sociali d'ironia.

**QUESTO E' IL LIBRO PIU' BRUTTO DI SEMPRE!
MA SARA' ANCHE QUELLO CHE TI DARA' PIU'
SODDISFAZIONE!
TROVERAI DENTRO ANCHE QUALCHE AFORISMA
MERITEVOLE...**

**RIDERE FA BENE!
SPERIAMO CHE TI AIUTI A STACCARE LA SPINA
E SBALLARTI UN PO'!**

BUON DIVERTIMENTO!!!

**RICORDATI
DI METTERE LA RECENZIONE A 5 STELLE
SU AMAZON!!!
NON FARE IL PIGRO...
HO FATTO QUESTO LIBRO
PER FARTI FELICE...**

IL MINIMO E' RICAMBIARE LA CORTESIA!!!

CIA'!

Perdonare qualcuno non significa condonare il suo comportamento. Non significa nemmeno dimenticare il modo in cui ti ha ferito e neppure concedergli di farti ancora del male.
Perdonare significa fare pace con ciò che è successo.
Significa riconoscere la tua ferita, dandoti il permesso di sentire dolore e di comprendere che quel dolore non ti serve più.
Il perdono è un dono a te stesso.
Ti libera dal passato e ti consente di vivere nel tempo presente.
Perdonare significa liberare un prigioniero e scoprire che quel prigioniero eri tu.

Daniell Koepke

https://www.facebook.com/profile.php?id=100064325064276&locale=it_IT

#inclusione

.

.

.

Vignette di Buddy Gator

https://www.facebook.com/manuela.cardello/

Chiunque abbia lasciato questo, vicino al cassonetto dell'immondizia, è pregato di toglierlo immediatamente. Questa notte pioverà e noi abbiamo già abbastanza problemi!

https://www.facebook.com/madeincatania/posts/3248138345212234/?locale=pa_IN

Coloro che non imparano niente dai fatti sgradevoli della propria vita costringono la coscienza cosmica a riprodurli tante volte quanto sarà necessario per imparare ciò che insegna il dramma che è accaduto.

Carl Gustav Jung

https://www.facebook.com/ibassifondidellanima?locale=it_IT

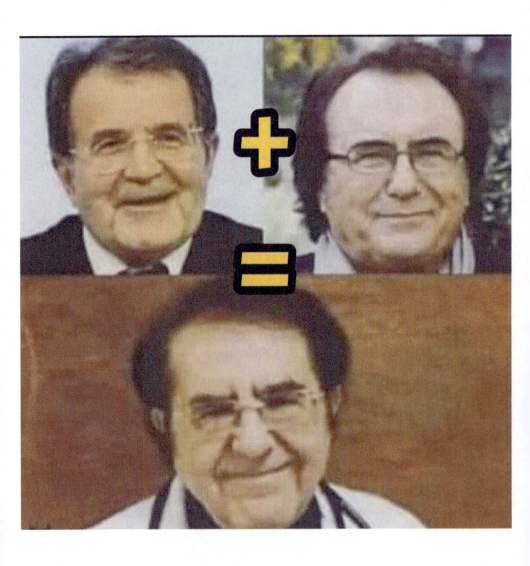

https://www.facebook.com/giorgio.scrofani2/

Viveva, nella città turca di Malatya, un pittore di nome Sakumat, non giovane, ma nemmeno anziano. Sebbene nella vallata pietrosa di Malatya non splendessero grandi bellezze, Sakuma dipingeva stupendi paesaggi e altri ne inventava, disponendo infinite forme e colori.
Molti ricchi proprietari di greggi, commercianti di cavalli o di stoffe, chiamavano Sakuma nelle loro case perché abbellisse un angolo, un fondo di portico, o allargasse con i fiori colorati della sua pittura la luce di un davanzale. Se nessuno avesse richiesto la sua opera, tuttavia, Sakumat avrebbe dipinto ugualmente: perché i pennelli erano per lui come dita, e in ogni pennellata versava dolcemente una goccia del suo sangue. Quanto ai paesaggi che immaginava, chissà dove li aveva veduti: nemmeno lui lo sapeva. Forse non esistevano in nessun luogo del mondo e in nessun sogno umano, però erano, a vederli, come vera terra toccata e profumata. Più si guardava, più il corpo fuggiva attraverso gli occhi e si trasferiva intero e vivo in spazi colorati e ricchi di pace.
Un giorno bussò alla porta di Sakumat un capoterra grande e grosso, che portava il basso turbante caratteristico delle vallate a nord di Malatya.
Sei tu Sakumat, il pittore?
Sì, e questa è la mia casa, uomo delle montagne. Chi sei? E perché mi cerchi?
Io sono Kumdy, uomo di bastone del burban Ganuan, signore della terra di Nactumal. Per sua ordine vengo a chiederti di salire nella nostra vallata, nel suo palazzo, perché egli ti vuole parlare e affidare un'opera.

"Cara signora, dovrebbe stare più attenta ai compiti di suo figlio: ieri li ha fatti sbagliati"
"Senta signora, dovrebbe seguire di più il bambino: ogni tanto si dimentica libri e quaderni a casa"
"Cara mamma, dovrebbe stargli più dietro: oggi aveva nella cartella un libro di troppo e inoltre ha perso la gomma"
... e così via, dal primo giorno di scuola.
Allora, care maestre, vi scrivo una lettera che vale per sempre, per tutte le volte che avete sorriso con sopportazione alle mie risposte, ma senza comprenderle appieno.
Questa è la risposta di una mamma che ha già fatto la scuola elementare e pensava di aver concluso decine di anni orsono.
Di una mamma degenere.
Trovo molto bizzarro che i rimproveri sul quaderno di mio figlio siano indirizzati a me piuttosto che al bambino. Perché su quella seggiolina minuscola il mio fondoschiena abbondante non ci starebbe, e per fortuna a scuola viene lui e non la sua mamma.
È piuttosto buffo che venga richiesto il mio costante intervento per compiti troppo complessi, troppo lunghi, troppo noiosi. Perché vi confesso che quei compiti li so svolgere brillantemente, da genio della classe, ma purtroppo li avete assegnati a lui e non a me.
E mi fa divertire che venga insinuato che non seguo i miei figli perché ogni tanto dimenticano uno dei tre/quattro libri che hanno per ogni materia, talmente complicati che occorre il diploma di scuola superiore per capire quali portare e quando. Io per fortuna ho anche la laurea ma mio figlio no, e in fondo è lui che deve organizzare la propria cartella con i testi che voi avete adottato.
E mi sorprende che venga richiesto a me di fare un lavoro che ho scelto di delegare alla scuola, ossia insegnare a studiare, quando il mio lavoro è tutt'altro.
Perché ritengo che mio compito sia insegnare l'autonomia e l'autostima, ma questo posso farlo solo se i bambini avranno compiti tarati sulle loro possibilità, che siano in grado di svolgere da soli.
Per la loro soddisfazione devono POTERCELA FARE senza la guida costante di un adulto che li indirizzi sempre, costantemente, passo passo.
E se questo non accade è forse perché quello che viene loro richiesto è troppo.
Ma non è solo colpa vostra, care maestre.
Perché ci sono genitori che si prestano quotidianamente, con pazienza e dedizione, a fare scuola con loro, a loro, per loro, e questo vi confonde.
Allora per favore mamme premurose aiutate questa mamma degenere: lasciate che i bambini sbaglino e dimentichino libri e quaderni, ogni tanto!
Perché in questo modo gli insegnanti capiranno quali sono i limiti di un bambino di quella età e potranno modificare le richieste in base alle LORO capacità.
Non spianate la strada troppo in salita, perché se gli insegnanti vedranno risultati ottimi continueranno ad alzare il tiro, chiedendo sempre di più e ben oltre le loro possibilità.
Lasciate che sbaglino, che siano rimproverati, che paghino per le loro distrazioni, perché solo così saranno orgogliosi di farcela: perché lo avranno fatto da soli e finalmente avranno imparato.
Non credo sia un merito sedersi ogni giorno accanto ai figli e spiegare cosa devono fare e come. Così facendo confonderete gli insegnanti, che di fronte ai prossimi errori di un vero bambino di 7 anni, anziché capire, non troveranno altra soluzione che sgridare la sua mamma.
La sua mamma degenere.   https://www.facebook.com/piccolestorie

LETTERA SCRITTA DA UNA DELLE TANTE DONNE CHIUSA IN UNA CASA DI RIPOSO PER ANZIANI SENZA CHE LEI LO VOGLIA.
Questa lettera rappresenta il bilancio della mia vita.
Ho 82 anni, 4 figli, 11 nipoti, 2 bisnipoti ed una stanza di 12 metri quadrati. Non ho più una casa e nemmeno le mie amate cose, però ho chi mi riordina la camera, mi prepara da mangiare e mi fa il letto, mi controlla la pressione e mi pesa.
Non ho più le risate dei miei nipoti, non posso più vederli crescere, abbracciarsi e litigare; alcuni di loro vengono a trovarmi ogni 15 giorni; altri ogni tre o quattro mesi; altri, mai.
Non faccio più le crocchette o le uova ripiene e nemmeno i rotoli di carne macinata, né il punto croce. Ho ancora dei passatempo da fare ed il sudoku che mi intrattiene un po".
"Non so quanto mi rimarrà, però devo abituarmi a questa solitudine; faccio terapia occupazionale ed aiuto in ciò che posso chi sta peggio di me, anche se non voglio affezionarmi troppo: spariscono frequentemente. Dicono che la vita sia sempre più lunga. Perché? Quando sono sola posso guardare le foto della mia famiglia ed alcuni ricordi che mi sono portata da casa. E questo è tutto.
Spero che le prossime generazioni capiscano che la famiglia si costruisce per avere un domani (con i figli) e ripagare i nostri genitori con il tempo che ci hanno regalato per crescerci." https://www.facebook.com/rosalia.dipiazza.12

Mago Merlino disse:
"Arriverà un giorno,
in cui capirai che
Tutto l'universo vive dentro di te.
Allora sarai un mago.
Come mago non vivi nel mondo,
il mondo vive dentro di te...
Quando questo accadrà inizierai
a manifestare invece di attrarre.
E capirai che non ti manca nulla,
solo non hai ancora visto
dentro di te
ciò che stai cercando tanto... "

https://www.facebook.com/MeditazioneESpiritualita

«Più invecchio anch'io, più mi accorgo che l'infanzia e la vecchiaia non solo si ricongiungono, ma sono i due stati più profondi in cui ci è dato vivere. In essi si rivela la vera essenza di un individuo, prima o dopo gli sforzi, le aspirazioni, le ambizioni della vita.
Gli occhi del fanciullo e quelli del vecchio guardano con il tranquillo candore di chi non è ancora entrato nel ballo mascherato oppure ne è già uscito. E tutto l'intervallo sembra un vano tumulto, un'agitazione a vuoto, un inutile caos per il quale ci si chiede perché si è dovuto passare».
(Marguerite Yourcena)

Penserete di essere coppie sbagliate, ma in realtà siete dove dovete stare.
Il temperino non farà altro che consumare la matita e il dado impedirà alla vite di muoversi.
A volte quando pensiamo di essere adatti all'altra persona sotto molti aspetti, non siamo buoni e utili per la sua vita.
Non importa che tipo di relazione o partner hai oggi, l'importante è come ti fa sentire.

https://www.facebook.com/amoreofficial.it?__cft__[0]=AZV_m4hV77qdKO5kC3nPhXF7n4klV9hPyEA-cK-DF-8RbIGMOZtU4E_FswWPo3ehGYypbizV-DvVd0hGDY55KLRfZ5WSnkG_RNeZBzDw77otiEXhbwz9aSdPh-GVhoZ8joCDQ3e4-VJfR2YJU--O4fa4HIb6EITyTlLaFYqAal8jngCl9b9_Mcan3WROWLxFIcJb0D2czBUJSK-mOg8-dvRzizg&__tn__=-UC%2CP-y-R

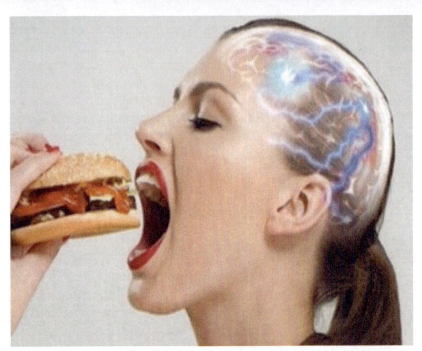

Certe volte le donne hanno molta fame. Aprono il frigorifero e vorrebbero ingoiare tutto quello che c'è dentro. Entrano in una pasticceria e vorrebbero ingurgitare ogni cosa, fino a scoppiare. Mangiano la cioccolata e vorrebbero non smettere mai. Mangiano i biscotti e ne finiscono due pacchi. Mangiano le patatine e vanno avanti fino a star male.
C'è una bocca affamata dentro di loro: grida per essere riempita, scalpita come una bestia selvaggia per ricevere ciò che vuole: cibo! cibo! cibo!
Ma il cibo è solo l'involucro di quello che la bocca affamata pretende. Dietro quella voglia famelica c'è di più: c'è la voglia di qualcosa che faccia sentire vive. È la donna che arde di fame di se stessa, pallida della sua passione, a digiuno della sua anima.
Le donne affamate spesso non seguono la loro vera natura: hanno smesso di cantare, hanno intrappolato le loro parole da qualche parte, hanno appoggiato la penna, hanno scelto di essere "troppo in ordine", "troppo carine", "troppo compiacenti", "troppo perfette", "troppo simpatiche", "troppo disponibili".
Sono lontane dalla loro vita profonda, passionale, nutriente, rigenerante: svalutano il proprio lavoro, dicono a se stesse che sono sbagliate perché non hanno fatto abbastanza, si autoimpongono di stare zitte, si sentono in colpa se non sono disponibili per tutti. Mettono sotto sale i loro desideri, fanno conserve con i loro sogni, ripongono in frigorifero necessità personali con l'etichetta «più avanti». C'è chi arrotola la passione stringendo un laccio attorno, chi scrive la parola "rassegnazione" sul muro della camera, chi appoggiato la penna sul tavolo e non la riprende in mano, chi getta la tela e poi giura a denti stretti di guardare sempre dall'altra parte.

Spesso queste donne hanno la sensazione di essere "immobilizzate" e in questo immobilismo si costringono a non andare, a non fare un passo, a non pretendere, a non diventare, a non scoprire. La loro vita è "una bocca vuota" e il cibo diventa la metafora di un nutrimento che non arriva da un'altra parte.

Ma non è una situazione irreversibile.
È semplicemente necessario "un risveglio".
Bisogna avvicinarsi all'anima, che giace da qualche parte con le ossa spezzate, e ricomporla.
Come fare?

Chiedendo a noi stesse cosa davvero desideriamo. Non è così difficile come sembra. Nel momento in cui ci chiniamo pietose sulla nostra anima esangue e ferita lei si rianima. Le basta poco. Un po' di ascolto, una riflessione vera, una risposta sincera: rivolta a noi. Le donne sanno molto bene cosa vogliono, quando se lo chiedono con voce sincera. Conoscono il motivo di quella bocca affamata, di quelle mani tese per ricevere altro cibo. Quando risvegliamo la nostra anima lei non parla in modo criptato: ci dice a chiare lettere quale direzione prendere. È un'amica sicura, fidata, compassionevole, stimolante… lei ha le risposte che cerchiamo… e allora, come per magia, quella bocca affamata si chiude e dentro di noi nasce una nuova forza, la voglia di vivere davvero la nostra vita...

Simona Oberhammer

https://www.facebook.com/groups/riflessioni/?locale=it_IT

IL KAPOK - Non esattamente un albero che si può abbracciare...
Le leggende Maya raccontano di una pianta sacra, sui rami della quale le anime dei morti si arrampicavano per raggiungere il cielo. Il Kapok è un albero molto diffuso nel sud America, conosciuto anche come la Ceiba Pentandra, appartenente alla famiglia delle Bombacee. Questa pianta svetta in alcune delle foreste tropicali più rigogliose al mondo e può raggiungere un'altezza di 70 metri, presenta un tronco massiccio di 3 metri di diametro ed è ricoperto di spine, così come molti dei rami più larghi.

La fibra del Kapok (ottenuta dai frutti dell'albero non dal tronco) anche conosciuta come "lana vegetale" è molto preziosa, totalmente biologica poiché cresce spontaneamente in natura. Per molto tempo si è ritenuta impossibile la filatura del Kapok, essendo una fibra cava, contente l'80% di aria, ma ad oggi l'utilizzo più comune di questo materiale è per l'imbottitura di materassi, cuscini e divani; grazie ai moderni sviluppi delle tecniche di filatura, alcune aziende della moda ecosostenibile stanno introducendo questa nuova fibra naturale nella produzione di diversi tessuti.
Da noi presenze nel giardino Botanico di Roma e in Sicilia.

https://www.facebook.com/groups/661010091015878/

https://www.facebook.com/travelsicilyIG

AIUTA SOLTANTO CHI TE LO CHIEDE

Non ti intromettere mai nella sofferenza altrui.
L'uomo deve stancarsi di se stesso e bere fino in fondo la coppa di veleno che gli spetta.
Non essere presuntuoso e non sperare di poter aiutare tutti, è possibile aiutare soltanto chi è pronto ad accettare l'aiuto.
Una persona che soffre vede il mondo attraverso il proprio dolore, e perciò è sorda e cieca.
Ognuno si trascina dietro la sua esperienza di vita senza vedere che si tratta di un peso morto.
Se interverrai nella altrui sofferenza, il vortice karmico ti risucchierà in un gioco a te estraneo.
Ricorda che l'uomo è capace di contagiare, con la sua sofferenza.
Procedi per la tua strada senza voltarti.
Soltanto se stai facendo la tua strada potrai aiutare la gente a rialzarsi.

https://www.facebook.com/positive.vibrationviolet

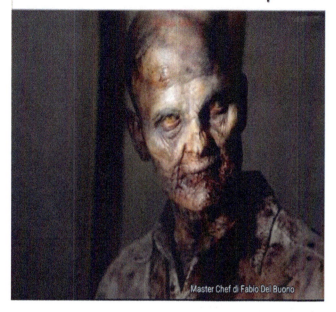

https://www.facebook.com/AmicidiBAID/photos/a.111004227059054/187587616067381/?type=3&paipv=0&eav=AfbNyzR49QvAY9xAlbmWebtffAQE4c6vPoM6ejcMloRQAiypIZVj5k0sFhOjhvrEixY&_rdr

https://www.facebook.com/MasterChefDiFabioDelBuono

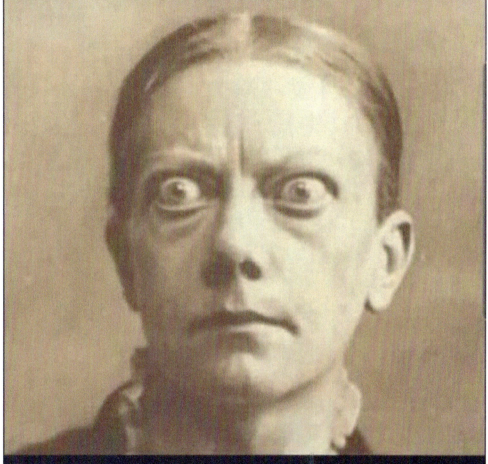

Bevendo 130 bottiglie di vino, possiamo salvare un uccellino

https://www.facebook.com/p/Panetteria-da-Ottavio-100064677368519/

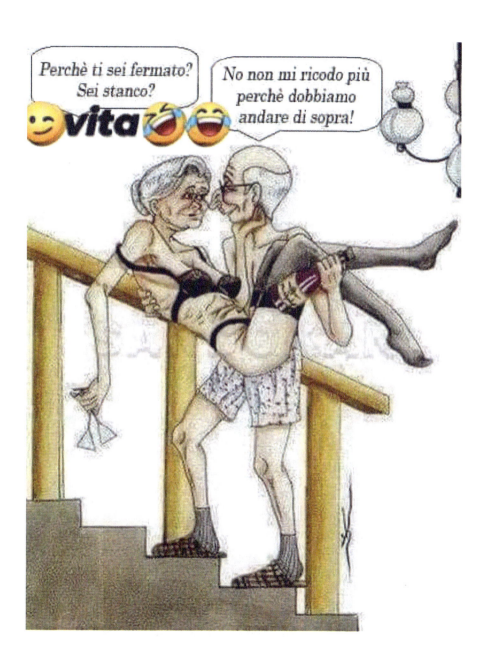

AL SUPERMERCATO:

- Scusi, state facendo la fila?

- No, ci siamo trovati qui per fare il trenino, fra 10 minuti partiamo.

https://www.facebook.com/casciottanunzio/

https://www.facebook.com/amoreaquattrozampe.it/posts/situazione-attuale-/3373282696068849/

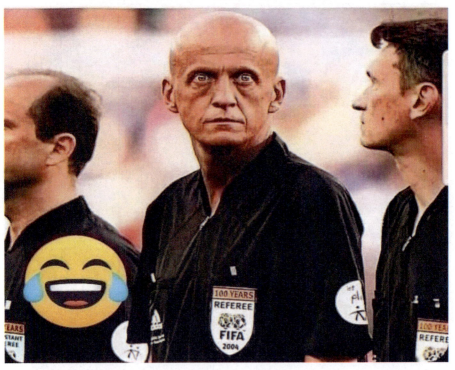

Vendo supporto per cellulare personalizzato universale, prezzo da concordare, astenersi perditempo 🤣😂🤣😂🤣😂🤣😂🤣😂🤣

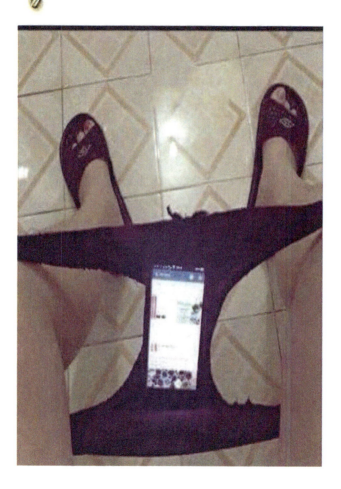

https://www.pinterest.it/graziellagalli/robesceme/

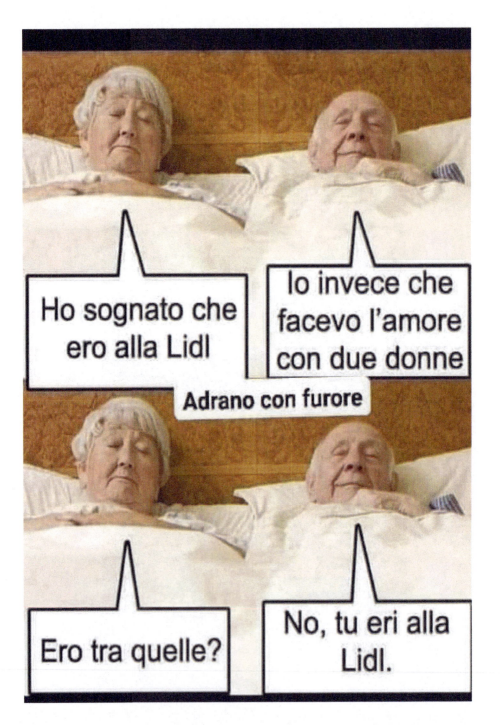

LA TISANA DRENANTE AI FRUTTI ROSSI CHE TI GUARDA DOPO LA GRIGLIATA DI IERI*

https://besti.it/9

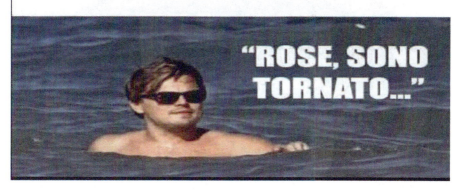

https://www.facebook.com/photo.php?fbid=834792868012038&set=a.830723165085675&type=3&locale=it_IT&paipv=0&eav=AfbSDfYDDtbg91IvoYeuwd1PBuQN4H0Af_wNGH_M1jkjGRXlZDlFz4tHskpq170eWEE&_rdr

https://www.facebook.com/isoladeglistronzi/photos/presentazione-palinsesti-mediaset-devessere-andata-più-o-meno-così-tvsummerbarba/658600419645268/?paipv=0&eav=AfYOm6AMbLJC7Qb5MzQ0Xzn1XipvOsvDq5B71kU9AoKbNrdXp1rUjoBa71l0ckPufj8&_rdr

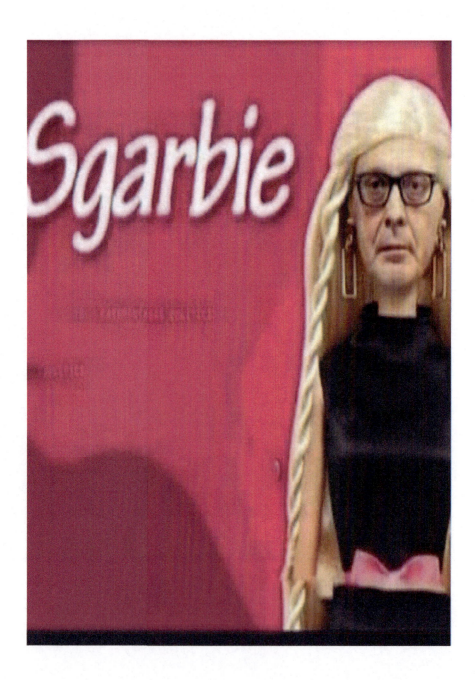

https://www.facebook.com/IntrashTtenimento2.0/posts/caciottari-panini/2386553078246385/?locale=it_IT

https://www.facebook.com/nonfacciosconti/

https://www.facebook.com/IlManicomioDelleCazzate/?locale=it_IT

La marca della birra non m'interessa, voglio sapere la marca della sedia.

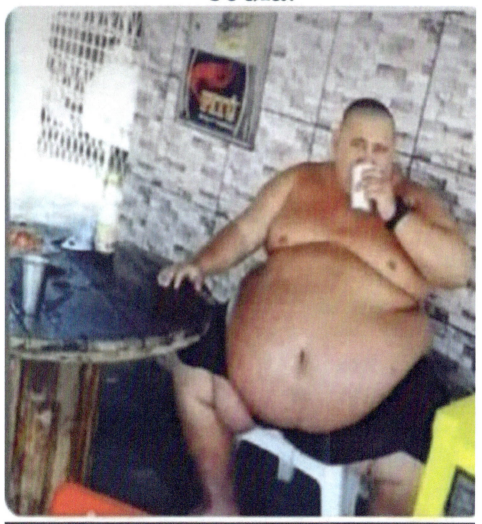

https://www.facebook.com/photo.php?fbid=700777012091357&id=100064771926167&set=a.461573936011667&locale=it_IT

https://www.facebook.com/VIBRATOSAXITALIA/posts/sax-tenore-trasparente-t1-vibrato-sax-in-omaggio-sax-alto-soli-euro-1300-solo-wh/1478352668974951/

https://www.facebook.com/photo.php?fbid=865591948265463&set=a.830723165085675&type=3&locale=it_IT&paipv=0&eav=AfbH0bL0oPUgivcHSYA4Z2_gnIb8t9Zm102caqPuRSk91GMYB_t4NlPYOSfHYo-

😂 Ho visto un uomo morire per amore 😂😂😂😂😂

https://www.facciabuco.com/post/1600477aqq/vaccata-erotica-post-by-garak.html

Mamma la scuola ancora non è iniziata.

Lo so ma tu inizia a camminare piano piano.

https://www.facebook.com/Leesaurite/?locale=te_IN

Mia madre aveva un sacco di problemi. Non dormiva, si sentiva esausta, era irritabile, scontrosa e acida. Sempre malata, finché un giorno, all'improvviso, lei cambiò.

La situazione era uguale, ma lei era diversa.

Un giorno, mio padre le disse:
– tesoro, sono tre mesi che cerco lavoro e non ho trovato niente, vado a prendermi un po' di birre con gli amici.
Mia madre gli rispose:
– va bene.

Mio fratello le disse:
– mamma, vado male in tutte le materie dell'università.
Mia madre gli rispose:
– ok, ti riprenderai, e se non lo fai, allora ripeterai il semestre, ma tu pagherai le tasse.

Mia sorella le disse:
– mamma, ho urtato la macchina.
Mia madre le rispose:
– va bene figlia, portala in officina, cerca come pagare e mentre la riparano, muoviti in autobus o in metropolitana.

Sua nuora le disse:
– suocera, verrò a stare qualche mese con voi.
Mia madre le rispose:
– va bene, siediti sul divano e cerca delle coperte nell'armadio.

Tutti a casa di mia madre ci siamo riuniti, preoccupati di vedere queste reazioni. Sospettavamo che fosse andata dal dottore e che le prescrivesse delle pillole di "me ne frega un cavolo" da 1000 mg. Probabilmente sarebbe andata in overdose.

Abbiamo proposto di aiutare mia madre per allontanarla da ogni possibile dipendenza da qualche farmaco anti-Ira.
Ma la sorpresa è stata quando ci siamo riuniti tutti intorno e mia madre ci ha spiegato:

"Mi ci è voluto molto tempo per capire che ognuno è responsabile della sua vita, mi ci sono voluti anni per scoprire che la mia angoscia, la mia mortificazione, la mia depressione, il mio coraggio, la mia insonnia e il mio stress, non risolvevano i suoi problemi.
Io non sono responsabile delle azioni altrui, ma sono responsabile delle reazioni che ho espresso.
Sono quindi giunta alla conclusione che il mio dovere per me stessa è mantenere la calma e lasciare che ognuno risolva ciò che gli spetta.

Ho seguito corsi di yoga, di meditazione, di miracoli, di sviluppo umano, di igiene mentale, di vibrazione e di programmazione neurolinguistica, e in tutti loro, ho trovato un comune denominatore: alla fine tutti conducono allo stesso punto.

E io posso solo avere un'interferenza su me stessa, voi avete tutte le risorse necessarie per risolvere le vostre vite. Io posso darvi il mio consiglio solo se me lo chiedete e voi potete seguirlo o no.

Quindi, da oggi in poi, io smetto di essere: il ricettacolo delle sue responsabilità, il sacco delle sue colpe, la lavandaia dei suoi rimpianti, l'avvocato dei suoi errori, il muro dei suoi lamenti, la depositaria dei suoi doveri, chi risolve i vostri problemi o il vostro cerchio di ricambio per soddisfare le vostre responsabilità.
D'ora in poi vi dichiaro tutti adulti indipendenti e autosufficienti".

Da quel giorno la famiglia ha iniziato a funzionare meglio, perché tutti in casa sanno esattamente cosa spetta loro fare.

https://www.facebook.com/profile.php?id=100072297432322

Benvenuto nel ventunesimo secolo
Qui il sesso è libero e l'amore è diventato una tasca piena di banconote.
Dove perdere il telefono è peggio che perdere i tuoi valori. Dove la moda è fumare e bere e se non lo fai, sei "quota".
Dove il bagno è diventato uno studio fotografico e la chiesa, il posto perfetto per il check in.
XXI secolo, dove uomini e donne temono una gravidanza molto più dell'HIV.
Dove il servizio di consegna pizze arriva più velocemente dell'ambulanza.
Dove le persone muoiono di paura dei terroristi e dei criminali molto più di quanto temono Dio.
Dove i vestiti decidono il valore di una persona e avere soldi è più importante che avere amici o addirittura famiglia.
XXI secolo, dove i bambini sono in grado di rinunciare ai loro genitori per il loro amore virtuale.
Dove i genitori dimenticano di riunire la famiglia a tavola per una cena armoniosa, parlando della quotidianità perché sono divertiti nel loro lavoro o nel loro cellulare.
Dove uomini e donne spesso, vogliono solo relazioni senza obblighi e il loro unico "impegno" è mettersi in posa per foto e pubblicare sui social girando amore eterno.
Dove l'amore è diventato pubblico o uno spettacolo teatrale.
Dove il più popolare o il più seguito con più "Mi piace" nelle foto è quello che sembra sprecare felicità; quello che pubblica foto in luoghi fantastici e paradisiaci, circondato da "amicizie vuote", con "amori incerti" e "famiglie disunite".
Dove le persone hanno dimenticato di prendersi cura dello spirito, dell'anima vuota e hanno deciso di prendersi cura e tatuarsi i loro corpi.
Dove vale più una liposuzione per avere il corpo desiderato del "mondo artistico" che un diploma universitario.
Dove una foto in palestra ha molti più "Mi piace" di una foto che studia o pratica buone azioni.
XXI secolo qui sopravvivi solo se giochi con la "ragione" e sei distrutto se agisci con il cuore!
@Autore sconosciuto

https://www.facebook.com/produnatloja

Parigi non è DISNEYLAND.

Dire " vado a Parigi per il weekend e faccio due giorni a Disneyland" è una contraddizione in termini che rischia di creare uno spiacevole cortocircuito spazio temporale.
Disneyland è un parco giochi.
E' solo un parco giochi.
Un grande e bellissimo parco giochi a Marne la Vallee, 30 km a Est dal centro di Parigi.
E se ne sta là, accidentalmente a 40 minuti da Parigi, tra fuochi d'artificio, parate e topolini in maschera per foto ricordo (in estate a rischio auto combustione da travestimento)in un luogo che potrebbe essere indifferentemente a 50 km da Parigi o a 20 da Frosinone: nulla cambierebbe.
Ma la differenza non sta certamente solo nella distanza.
Parigi e Disneyland sono proprio di due luoghi diversi.
Due situazioni diverse.
Due emozioni diverse.
Due viaggi diversi.
Due vacanze diverse.
Due esperienze diverse.
Niente da eccepire se il tempo della vacanza che si ha a disposizione è dai 5 giorni in su.
Ma a volte leggo di itinerari di 2/3 giorni che, al netto del tempo necessario per gli spostamenti, quello da impiegare per l'arrivo e la partenza dall' Aereoporto e i due giorni al Parco, vagheggiano anche una convulsa visita alla città:
per un totale di tempo disponibile di circa 6/7 ore.
Cioè…
ripeto…
6/7 ore…
per visitare Parigi.
(!!!!??!!!)

No amici. Ve lo dico col cuore: no.
Va benissimo andare a Disneyland. Godetevela in santa pace senza immaginare di dover fare poi venti arrondissement parigini al ritmo di un primatista keniano di maratona.
Sia che abbiate dei bambini, sia che i bambini (seppur con barba o extension e unghie laccate) siate voi, il parco è una cosa bellissima, divertente, particolare.
È vero, si': ti schianti di file, ti tramortisci di souvenirs, regredisci immediatamente ad una fase preadolescenziale, ti sorprendi a deambulare gioiosamente con un cerchietto in testa a forma di orecchie da topo, nonostante i tuoi 40 anni e il tuo master in economia, ma sarà comunque una esperienza molto bella e un ricordo indelebile immortalato in centinaia di foto che intaseranno, a imperitura memoria, la Ram del tuo Pc.
Ma il parco non è Parigi.
Pensare di " Riservare" un eventuale residuo terzo giorno a Parigi, è come sedersi a tavola e vedersi strappare da sotto il naso il piatto che ti hanno appena portato.
È come essere buttati fuori dal cinema subito dopo l'apparizione del titolo del film sullo schermo.
È come dire di aver visitato Firenze, per il fatto di essere transitati una volta sulla A1 Milano-Napoli sotto lo svincolo per Scandicci.
È come dire di aver ammirato il Colosseo perché c'era una bella foto sul sussidiario di terza elementare.
Insomma, non so come dirvelo senza sballare il vostro immaginario: ma Parigi è un viaggio a se', in tutti i sensi.
Parigi vuole disponibilità, spazio, attenzione e tempo.
Sette ore non bastano neanche a percepirne l'odore, l'atmosfera, il ritmo.
Perciò va benissimo andare a Disneyland. Il bambino che tenete per mano, in passeggino, oppure quello che nascondete addormentato dentro di voi, vi ringrazierà per sempre.
Ma se avete poco tempo, se non siete mai stati nella Ville Lumiere, insomma, se potete, riservate per un'altra volta la vostra prima volta a Parigi.
Solo a Parigi. https://www.facebook.com/groups/visitareparigi/

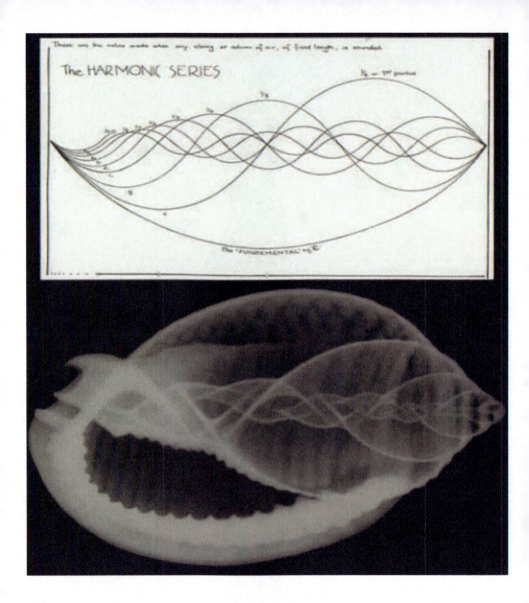

"La materia fisica è la musica solidificata" - Pitagora
Sopra c'è uno schema della serie armonica...
Di seguito una foto di una conchiglia....

https://www.facebook.com/veskor.cassiopeia

Si chiamano persone nuove, perché sono uscite dal loro buio.
Perché lo hanno attraversato in silenzio con coraggio.
Si chiamano persone nuove perché nuova è la loro luce.
Perché in un'era di infinito odio loro praticano l'arte della gentilezza.
La medicina del sorriso... la cura dell'abbraccio.
Si chiamano persone nuove perché hanno fatto pace con il dolore, perché affacciati all'orizzonte della paura e della rabbia loro sanno guardare oltre.
Si chiamano persone nuove perché sono rinate
perché sono vive.
Opera in foto di: Kennyrandom

https://www.facebook.com/andrewfaberblog

Nel II secolo d.C. i #terremoti mettevano a dura prova l'Impero cinese, che faticava a inviare prontamente aiuto nelle zone devastate.
Per risolvere il problema, l'astronomo di corte Zhang Heng inventò un congegno capace di rilevare i terremoti a grande distanza non appena si verificavano, in modo da poter organizzare velocemente i soccorsi.
Lo strumento consisteva in un vaso di bronzo di circa due metri di diametro a cui erano saldati intorno otto draghi con una pallina in bocca ciascuno. Sotto ogni drago si trovava un rospo con la bocca aperta che fungeva da "canestro": quando si verificava un terremoto, un pendolo all'interno del vaso oscillava azionando un meccanismo che apriva la bocca del drago rivolto verso la direzione da cui proveniva il sisma, facendo finire la pallina nel rospo corrispondente.
Purtroppo il modello originale, che è il primo sismoscopio conosciuto della storia, non è sopravvissuto, ma gli antichi testi cinesi testimoniano la sua efficacia. Nel "Libro degli Han Posteriori", per esempio, si legge: «La prima volta che il drago sputò la pallina nessuno avvertì il terremoto e gli studiosi rimasero molto perplessi.
 Ma qualche giorno dopo giunse la notizia che un sisma aveva colpito l'area di Longxi [a centinaia di chilometri di distanza] e tutti si resero conto della sua ingegnosità.
Da quel momento fu ordinato di registrare la direzione da cui provenivano i terremoti usando questo strumento».

https://www.facebook.com/beniculturalionline.it

Quando mi sforzo di essere socievole e positiva.

https://www.facebook.com/MeddyTani

Apro la finestra così circola un po' d'aria

https://www.facebook.com/Isorrisidellavita

https://www.facebook.com/profile.php?id=100057388243946

"Ho solamente passato il phon"

LE ALTRE RAGAZZE:

TU:

Ecco perché Elsa è una regina e il resto sono principesse

Non puoi sposare un uomo che hai appena conosciuto

https://www.facebook.com/filmpostpaginaufficiale

Ciao!... ti manco? 😔
4:48 p. m.

veramente si... tantissimo! 😩
4:49 p. m.

ci riproviamo a tornare insieme? 4:49 p. m.

no! 🥺.. ho paura che mi inganni un'altra volta! ☹️
4:50 p. m.

ti ricordo che sono io che ho trovato te nel letto con un'altra persona! 😨😢😣
4:51 p. m.

si, ma mi hai mentito..avevi detto che non tornavi a casa quel giorno!

https://www.facebook.com/groups/357156348338635/

Mercoledi **299€**	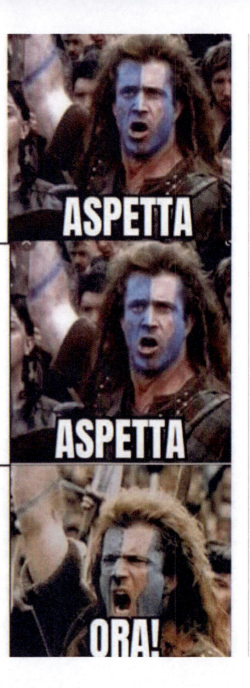
Giovedi **299€**	
Black Friday ~~**499€**~~ **299€**	

https://www.facebook.com/spartacodalvolon

Io che, dopo essermi calata l'impossibile, confido nella tisana dimagrante
al finocchio comprata alla Lidl.

https://www.facebook.com/trashuniversale

QUANDO DI BOTTO SCENDONO LE TEMPERATURE MA TU NON VUOI RINUNCIARE ALLA TUA ELEGANZA

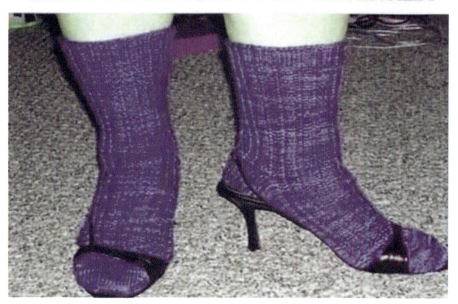

https://www.facebook.com/manuela.cardello/

https://www.facebook.com/manuela.cardello/

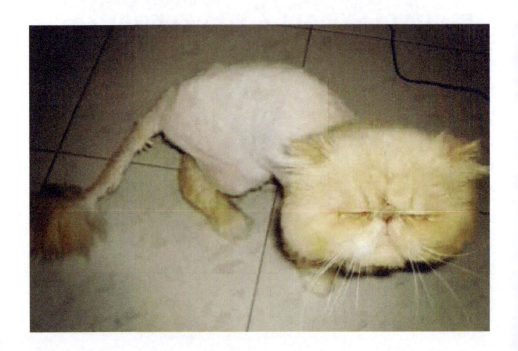

https://www.facebook.com/lemigliorifrasidelleserietv

La senti la magia del Natale che sta arrivando?

Io:

https://www.facebook.com/Horror.Mania.85/

Se qualcuno ti dice che "Sembri un Elfo" meglio controllare se è un fan di Harry Potter o de Il Signore Degli Anelli 🤣

PERCHÉ TI FA MALE IL CORPO?
Non è il sale.
Non sono le farine.
Non è la bibita.
Non è lo zucchero.
Non è il cibo.
Non è il glutine.
Sono le tue emozioni!!
Sono le tue decisioni!!
Ti fa male perché non hai ancora imparato ad amarti, perché accumuli vecchi odi e rabbia.
Ti fa male perché ti rifiuti di sviluppare la tua vitalità ed elasticità del corpo, perché lo punisci con dipendenze e immaturità emotiva.
Ti fa male il corpo perché rifiuti il presente e permetti ai ricordi di definirti.
Ti fa male perché non chiudi i cerchi della vita e ti vesti da vittima nel dramma che hai creato. Ti fa male perché ami la ferita che non vuoi guarire.
Ti fa male il corpo perché hai ceduto all'apatia e ti sei lasciato vincere. Ti fa male perché hai dubbi di meritare una vita senza traumi e ali per volare. Ti fa male perché hai ceduto la tua voce al clan di famiglia.
Ti fa male il corpo perché non vivi in pace.
Ti fa male il corpo perché non hai il coraggio di darti più valore.
Ti fa male perché taci quando devi urlare. Perché incolpi l'amore della tua ossessione di dominare. Perché esigi un rispetto che non osi generare.
Ti fa male il corpo perché confondi una relazione con un ring in cui poterti sfogare.
Ti fa male perché non hai il coraggio di connetterti con la tua divinità. Perché hai paura della libertà.
Ti fa male il corpo perché non ti permetti di ricordare che sei nato per crescere e oltrepassare l'amore che sei già.
Ti fa male il corpo perché non investi in silenzio né fai pace con la tua solitudine e con il tuo buio.
....
Flora Azevedo

Arkada https://www.facebook.com/manifestazioniolistiche/?paipv=0&eav=AfaxhH5wc6s8iK8PDVYEY_XkS2l-ZJ7nKcZyM4PTqaFaeVud2Ul73cPJMif3ZKbeTjMk&_rdr

https://youmedia.fanpage.it/gallery/ab/59b278c3e4b00dbb797d9857

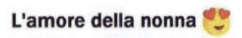

https://www.pinterest.it/pin/175499716716238468/

https://www.ebay.it/itm/163542941284

https://www.facebook.com/manuela.cardello/

https://www.facciabuco.com/post/1787060hxc/vaccata-post-by-spinanelfianco.html

https://www.facebook.com/dsambienti.it/?locale=en_GB

https://www.gqitalia.it/lifestyle/article/sneakers-lidl-meme

E adesso vediamo se ti ritiri.
Seguitemi per altri consigli...

https://www.instagram.com/p/CB0xTEXj_B-/

Divinità avvistata in costa Italica

https://www.instagram.com/p/CB0x

https://www.facebook.com/105699262879463/posts/4054955997953750/

QUANDO MI DICONO: SAI? AVEVI RAGIONE

IO HO SEMPRE RAGIONE

https://www.facebook.com/photo.php?fbid=721951796636564&set=a.416580487173698&type=3&locale=it_IT&paipv=0&eav=AfZe_DssEpbPq8i1PsuwO9gToYeWlyen64A0_EC0sDAy8vwP3K9gwl1lvjEcryM8udc&_rdr

CHE DOLCE SEMBRA UN ANGIOLETTO, NON VEDO L'ORA DI ROMPERGLI I COGL**NI

https://www.facebook.com/365425707196/posts/sdrammatizziamo-un-po-va-/10156964736967197/

https://www.facciabuco.com/post/23280hky/e-poi-mi-ha-detto-tu-sei-il-primo-fottimi-vaccata-post-by-faberone.html

https://www.facebook.com/ilvomitorio/photos/a.689503617899666/2039126639604017/?type=3

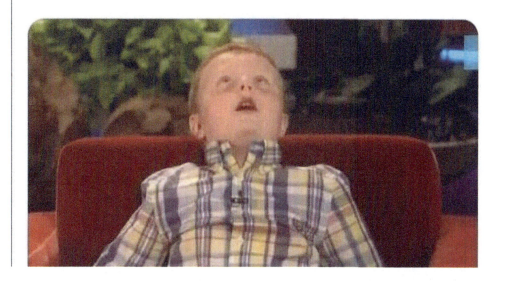

17 anni fa venne abolita la "Leva obbligatoria"

Le conseguenze

https://www.facebook.com/cristinadalemaofficial/

NON E' QUELLO CHE PENSI, GUARDA BENE

GIRA LA FOTO!

https://www.facebook.com/534980953518512/posts/syzeza/779597285723543/

https://www.facebook.com/p/Quindi-100044469822584/?locale=hu_HU&paipv=0&eav=AfZPe3eybSHWBe-eYqcJOov_mcMGi1s_UsL0kN1tmnjDEl3unD4hzSkYtwH8GN9-hbMQ&_rdr

Guarda da lontano

https://twitter.com/i/flow/login?redirect_after_login=%2FwwwJungletv

Quando arrivi a quell'età dove non sei più tu a guardare i film, ma i film che guardano te

https://www.facebook.com/roberta.aghilar.144/

Io che mi concentro per non morire dopo aver mangiato anche le sedie al pranzo di Natale

https://www.facebook.com/InsanityPage/posts/quel-momento-sta-arrivando-siete-pronte-consolazione-il-cibo/4764192410326160/?locale=ms_MY

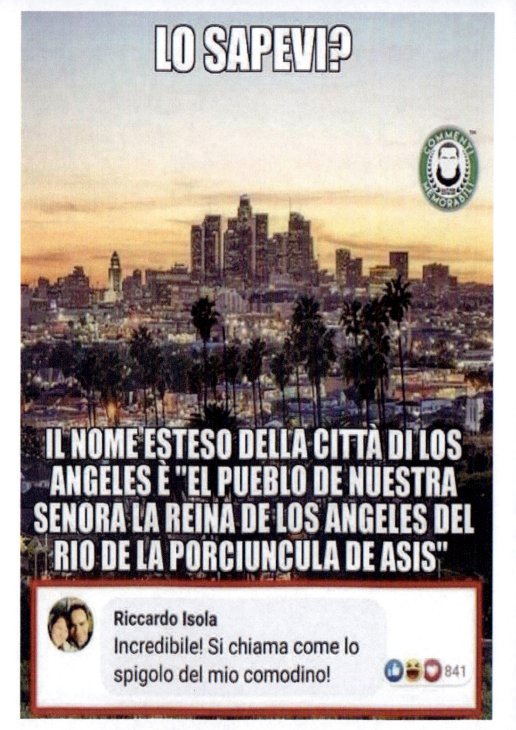

the_ai_dreams_ita
The_AI_Dreams ITA · 8-10   Segui

Gerry Scotti in versione principesse Disney #gerryscotti #memeita #trashitalia #italia #divertente #disney #ai

♪ bellissimissima <3 - Alfa

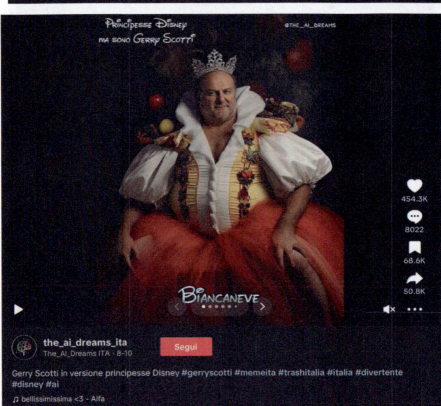

the_ai_dreams_ita
The_AI_Dreams ITA · 8-10   Segui

Gerry Scotti in versione principesse Disney #gerryscotti #memeita #trashitalia #italia #divertente #disney #ai

♪ bellissimissima <3 - Alfa

https://www.reddit.com/r/BancaDelMeme/comments/163ifhy/disneys_gerry_scotti_fonte_tik_tok/?r-dt=48898

Un serpente è entrato in un laboratorio di falegnameria e, urtando involontariamente una sega, si è leggermente ferito. Furioso è tornato sull'attrezzo e ha morso la sega, ma così facendo si è ferito alla bocca e ha sanguinato di più.
Così, non capendo cosa stesse accadendo e sentendosi attaccato, decise di circondare la sega per soffocarla con tutto il suo corpo, stringendola con tutte le sue forze... finì per uccidersi.
Morale: nella vita, a volte, è meglio ignorare situazioni, delusioni, comportamenti e persino parole.
Perché?.....Perché più ci pensi più ti contorci e schiumi rabbia, ti ferisci sempre più e ciò potrebbe anche ucciderti. Quindi...
Scegli bene nella vita quali battaglie vuoi combattere.
Non tutte ne valgono la pena.

https://www.facebook.com/groups/262527425550991/?hoisted_section_header_type=recently_seen&multi_permalinks=882865776850483

https://www.facebook.com/ilcibodellasalute

Ieri pomeriggio stavo camminando tenendo per mano mia moglie. Improvvisamente le ho lasciato la mano per prendere il mio cellulare e scattare questa foto. Lei mi ha colpito al petto e non mi ha più parlato per tutto il giorno. A tarda notte mi ha chiesto: "Come hai potuto?" e le ho risposto: "Come potevo non farlo? Un cane che guida un auto non è qualcosa che vedi tutti i giorni!"

https://www.facebook.com/chrystian.calvelli.9

ESAME DI LOGICA

Nome: **Anna?**   Data: **Oggi?**

1. In che battaglia morì Napoleone?
   Nell'ultima ✗

2. Dove fu firmata la Dichiarazione di Indipendenza?
   In fondo alla pagina ✗

3. Il fiume Tamigi in che stato si trova?
   Liquido ✗

4. Qual è la prima causa di divorzio?
   Il matrimonio ✗

5. Cos'è che non puoi mangiare mai a colazione?
   Il pranzo e la cena ✗

6. A cosa assomiglia metà mela?
   All'altra metà ✗

Poi la professoressa ha chiamato i genitori dicendo: "Siete a conoscenza di come va vostra figlia a scuola?" e loro rispondono "Ma certo! In autobus!".

https://www.corriere.it/tecnologia/meme/cards/giornata-gatto-meme-piu-divertenti-festeggiare-nostri-amici-felini/gatto-inquisitore.shtml

https://it.memedroid.com/memes/detail/690312

https://www.facebook.com/SeiComeIlSoleNonTiSiPuoGuardare/

https://twitter.com/redblack1980/status/1153621069162516480

https://www.facebook.com/Sorridomentreaffogo/

https://www.facebook.com/catnkittenclub/photos/a.186550158643415/969610760337347/?paipv=0&eav=AfZwB-9D4xqq7xxPBqd8OUpbOiIY7T0_lOShJtm6V1VDwhzkv-L9y2OzLPaQJxCybMUU&_rdr

https://www.facebook.com/ricimepatri/photos/a.466621620092046/4380461555374680/?type=3

https://www.facebook.com/1574322146198416/photos/a.1574367362860561/2538787999751821/?paipv=0&eav=Afbvo9QxzqjPhjGENXCnQ_NYi8E_OBIA17PcEiKB0RjU1wRGCE4Vs-l0u6wVWqz4KDQ

https://www.canva.com/it_it/meme/modelli/

https://besti.it/51429/Pronto-amoree-Ho-parcheggiato-come-hai-detto-tu-Ho-messo

https://twitter.com/LucaCico80/status/1063497245952274433

SEZIONE VIDEO IMPERDIBILI!

CAPELLI

FUNGHI

SEZIONE VIDEO IMPERDIBILI!

BEST 2023

TRIGHEEE

SEZIONE VIDEO IMPERDIBILI!

TOILETTE FRANCESE

STRESS

SEZIONE VIDEO IMPERDIBILI!

CASI UMANI

IL CICLO

SEZIONE VIDEO IMPERDIBILI!

SPIRITO NATALIZIO

FREDDO

SEZIONE VIDEO IMPERDIBILI!

SPETTACOLO

ESTINZIONE

SEZIONE VIDEO IMPERDIBILI!

SPORT ESTREMO

TRIP

SEZIONE VIDEO IMPERDIBILI!

GRAMMATICA

SBALLO

ARRIVEDERCI AL PROSSIMO VOLUME!

CHIUDIAMO CON IL VIDEO MUSICALE PIU' BELLO DI SEMPRE!

Printed by Amazon Italia Logistica S.r.l.
Torrazza Piemonte (TO), Italy